BEI GRIN MACHT SICH IHR WISSEN BEZAHLT

- Wir veröffentlichen Ihre Hausarbeit,
  Bachelor- und Masterarbeit

- Ihr eigenes eBook und Buch -
  weltweit in allen wichtigen Shops

- Verdienen Sie an jedem Verkauf

Jetzt bei www.GRIN.com hochladen
und kostenlos publizieren

GRIN

IT-Architektur und die Auswirkungen neuer innovativer Technologien. Das Architekturmodell eines Praxisbeispiels

GRIN ☺

Bibliografische Information der Deutschen Nationalbibliothek:

Die Deutsche Nationalbibliothek verzeichnet diese Publikation in der Deutschen Nationalbibliografie; detaillierte bibliografische Daten sind im Internet über http://dnb.d-nb.de abrufbar.

ISBN: 9783346910073
Dieses Buch ist auch als E-Book erhältlich.

Druck und Bindung: Books on Demand GmbH, Norderstedt Germany
Gedruckt auf säurefreiem Papier aus verantwortungsvollen Quellen

Das vorliegende Werk wurde sorgfältig erarbeitet. Dennoch übernehmen Autoren und Verlag für die Richtigkeit von Angaben, Hinweisen, Links und Ratschlägen sowie eventuelle Druckfehler keine Haftung.

Das Buch bei GRIN: https://www.grin.com/document/1372517

Hausarbeit

IT-Architektur und das Architekturmodell eines Praxisbeispiels und die Auswirkungen neuer innovativer Technologien auf die IT-Architektur

(Alternative A)

Inhaltsverzeichnis

Abbildungsverzeichnis

1 Einleitung

Im Folgenden wird zunächst einleitend die Problemstellung, der sich Unternehmen im Rahmen von dynamischen Marktentwicklungen ausgesetzt sehen, vorgestellt und die Zielsetzung, eine systematische Möglichkeit für die Gestaltung einer wandlungsfähigen Unternehmensarchitektur zur Begegnung dieses Umstandes, dargestellt.

1.1 Problemstellung

Sich ständig verändernde Märkte und Prozesse stellen Unternehmen kontinuierlich vor die Herausforderung, Strategien, Organisationen und Produkte in sämtlichen Bereichen anzupassen. Der wirtschaftliche Erfolg hängt nach Kappes & Stutz (2012, S. 62) oft essentiell von der Fähigkeit ab, möglichst schnell auf solche neuen Marktanforderungen zu reagieren. Die meisten Veränderungen in den Unternehmen betreffen direkt oder indirekt auch deren IT-Landschaft. Grundsätzlich versuchen Unternehmen, mit neuen Konzepten die Unüberschaubarkeit und nicht vorhandene Flexibilität der gewachsenen Systemlandschaften zu reduzieren. Die klare Trennung zwischen den Fachbereichen der IT und den Wertschöpfungsprozessen muss sich auflösen, da durch die Isolierung und Intransparenz eine komplexe, historisch gewachsene und unübersichtliche IT-Landschaft entstanden ist, die nur schwerlich auf neue Marktanforderungen reagieren kann. Jede Anpassung der IT an ein neues Geschäftsmodell kann demnach nach Heutschi (2007, S. 2) bei einer monolithischen IT-Landschaft nur mit einem hohen Integrations- und damit Kostenaufwand realisiert werden.

1.2 Zielsetzung

Der Gestaltungsrahmen für die Anpassung des Unternehmens an geänderte Anforderungen ist die Unternehmensarchitektur. Hanschke (2016, S. 141) zeigt auf, dass die Enterprise Architecture eine ganzheitliche Sicht auf das Zusammenspiel zwischen der Geschäfts- und IT-Architektur schafft. Eine Veränderung in der Enterprise Architecture ist also nur dann wirksam, wenn sie sich sowohl in operativen Geschäftsprozessen als auch den unterstützenden IT-Systemen niederschlägt. Entsprechende Architekturmodelle und Frameworks beschreiben auf einer aggregierten Ebene die gegenseitigen Abhängigkeiten der Gestaltungsgegenstände, um eine zukunftorientierte Planung und Entwicklung zu ermöglichen. Neben den traditionellen Modellen hat sich in den letzten Jahren die Einführung einer serviceorientierten Architektur als ein besonderer Trend herauskristallisiert. Um eine größere Wandlungsfähigkeit, Integrität und Gesamtproduktivität eines Unternehmens zu erreichen, wird bei einer serviceorientierten Architektur der

Geschäftsprozess in einzelne Teilprozesse aufgeteilt und diesen entsprechenden IT-Services mit dahinterliegenden Backend-Systemen zugeordnet. In diesem Architekturparadigma werden die Funktionalitäten aus den in sich geschlossenen Systemen herausgelöst und in einzelne Services gekapselt. (Eckert, Repp, & Martin, 2010, S. 5) Es steht somit nicht mehr die Technologie im Vordergrund, sondern das Geschäft, in dessen Dienst sie steht.

2 Theoretische Grundlagen

Dieses Kapitel soll sowohl die theoretische als auch fachliche Grundlage für das Verständnis des Themas und des methodischen Teils schaffen. Zunächst gilt es den Begriff der Architektur im Allgemeinen greifbar zu machen, um im Anschluss die Bedeutung einer Unternehmensarchitektur und die besondere Rolle der IT-Architektur herzuleiten. Hierzu werden essenzielle Bestandteile, spezielle Aufgaben, relevante Architekturebenen respektive deren Gestaltungsgegenständen sowie ausgewählte Architekturmodelle und Frameworks vorgestellt. Eine Herausstellung der Herausforderungen beim Management einer IT-Architektur bildet das Fundament für die Vorstellung einer serviceorientierten Architektur und deren Vorzüge in einer dynamischen Geschäftswelt.

In Analogie zu der klassischen Baukunst (Ursprung des Begriffs „architectura" im griechischen und lateinischen Sprachraum) beschreibt eine Architektur das Ergebnis eines gezielten Entwerfens und Gestaltens bzw. das planvolle Aufbauen und Darstellen von komplexen Bauwerken und entsprechender Schnittstellen. (Matthes, 2011, S. 9) In einem verallgemeinerten Zusammenhang fungieren Architekturen als strukturierendes Element und unterstützen somit die Realisierung physischer oder logischer Systeme, indem sie die grundlegenden Strukturen ihrer Systemkomponenten und ihre Beziehungen zueinander beschreiben. (Knoll, 2018, S. 1) Das besondere Charakteristikum einer Architektur ist somit die Möglichkeit der Visualisierung des Gesamtzusammenhangs erkenntnisrelevanter Objekte und damit eine modellhafte Beschreibung der grundsätzlichen Struktur eines Systems sowie die Beziehungen der Objekte zueinander. (Hildebrand, 2001, S. 169) Nach Heutschi (2007, S. 7) erfüllen Architekturen in ihrer Funktion einen Beschreibungs- und einen Konstruktionsaspekt: Während der Beschreibungsaspekt die Dokumentation der einzelnen Komponenten eines Systems mit ihren Beziehungen untereinander in einem Modellsystem mit allen relevanten Ebenen definiert, umfasst der Konstruktionsaspekt die Regeln und Vorschriften, wie bspw. die verfügbaren Bausteine, die Beziehungen sowie die Bedingungen ihrer Verwendung, für die systematische Erstellung des Modellsystems. (Heutschi, 2007, S. 7f.)

2.1 Enterprise Architecture und Rolle der IT-Architektur

Basierend auf der vorhergehenden Definition einer Architektur lässt sich der Begriff auch aus einem sowohl technischen als auch betriebswirtschaftlichen Blickwinkel auf den Unternehmenskontext übertragen. Eine Unternehmensarchitektur, oder englisch auch Enterprise Architecture genannt, wird als eine „zentrale, systematische, ggf. modellbasierte Darstellung der Gesamt-Architektur eines Unternehmens auf hoher Abstraktionsebene [...]" (Barkow, 2010, S. 43) definiert. Der Begriff „Enterprise" ist im ursprünglichen

Sinne als eine Aktivität zur Erfüllung klar definierter Ziele zu verstehen. (Lankhorst, 2009, S. 3) Folglich ist die Enterprise Architecture als ein Modellsystem mit Konstruktionsregeln für die Beschreibung und Planung von Geschäftslösungen bzw. der Unternehmenswertschöpfung definiert. (Heutschi, 2007, S. 8) Die Enterprise Architecture beschreibt und plant die unternehmerische Wertschöpfung und bildet den Gestaltungsrahmen für die Anpassung des Unternehmens an geänderte Anforderungen. (Heutschi, 2007, S. 20) Eine Dokumentation erfolgt üblicherweise in Form von Prozesslandkarten. (Schütz, 2017, S. 16) Die Enterprise Architecture kann von Unternehmen demnach als Planungs- und Steuerungswerkzeug genutzt werden, um Veränderungen im Unternehmen umzusetzen. Der wesentliche Gestaltungsgegenstand der Enterprise Architecture sind zwei untergeordneten Architekturebenen:

- **Geschäftsprozessarchitektur** (Ausgestaltung der Geschäftsprozesse, bestehend aus einer Menge von Aktivitäten, Aufgaben und Services) und
- **IT-Architektur mit den Teilarchitekturebenen**
  - o **Datenarchitektur** (Struktur der logischen und physischen Datenbestände),
  - o **Anwendungsarchitektur** (Struktur der Anwendungen und deren Schnittstellen; Anwendungen verwenden Daten und werden durch Infrastrukturkomponenten unterstützt) und
  - o **Infrastrukturarchitektur** (Eine Sammlung von Technologie-Komponenten (Hardware und/oder Software), die Services anbieten, um Anwendungen zu unterstützen). (Schütz, 2017, S. 19)

Nach Ross (2003, S. 31) vereinen sich die Daten-, Anwendungs-, und Infrastrukturarchitektur zu einer **IT-Architektur**. Ross et. al (2006, S. 46) stellen zudem heraus, dass es für eine erfolgreiche Veränderung im Unternehmen unabdingbar ist, dass nicht nur eine Teilmenge, sondern alle Architekturebenen betrachtet werden müssen. Dabei führt Ross (2003, S. 31) an, dass die IT-Architektur zum einen IT-Anforderungen zur Ausgestaltung der Geschäftsprozessarchitektur erfüllen muss, jedoch ebenso die Potentiale der IT als Basis für die zukünftige Weiterentwicklung der Geschäftsbereiche fungieren. Eine Veränderung in der Enterprise Architecture ist also erst dann wirksam, wenn sie sich in operativen Geschäftsprozessen und unterstützenden IT-Systemen niederschlägt. Umgekehrt können neue technische Potentiale Anpassungen an Geschäftsprozessen auslösen und Restriktionen der IT-Architektur die Gestaltungsfreiheit auf Geschäftsprozessebene beschränken. (Heutschi, 2007, S. 10) Der Blickwinkel von Hanschke (2016, S. 141) zeigt auf, dass die Enterprise Architecture eine ganzheitliche Sicht auf das Zusammenspiel zwischen der Geschäfts- und der IT-Architektur schafft, indem sie Informationen aus den fachlichen und technischen Bereichen und Projekten zusammenführt und die Vernetzung zwischen den Informationen aufzeigt. Es wird nicht nur eine gemeinsame Sprachbasis zwischen den Akteuren der Geschäfts- bzw. IT-Architektur, sondern auch Transparenzen hinsichtlich Abhängigkeiten und Auswirkungen von Veränderungen untereinander geschaffen. Die nachfolgende Abbildung 1 visualisiert diesen Umstand.

Abbildung 1: Enterprise Architecture als Brücke zwischen Geschäftsarchitektur (Business) und IT-Architektur (Hanschke, 2016, S. 141)

Bevor in den folgenden Kapiteln einzelne Architekturmodelle bzw. Frameworks vorgestellt werden, soll an dieser Stelle bereits kurz auf das Business Engineering Modell nach Österle & Blessing (2003) eingegangen werden. Dabei wird noch einmal der Stellenwert einer ganzheitlichen Betrachtung aller Architekturebenen deutlich, wenn sich die Enterprise Architecture der Notwendigkeit auf Veränderungen zu reagieren, ausgesetzt sieht. Österle & Blessing (2003) nutzen für die Beschreibung der Enterprise Architektur das Business Engineering Modell, um speziell die Transformationsentwicklungen im Bereich der Industriegesellschaft hin zu einer Informationsgesellschaft, methodisch und modellbasiert zu thematisieren. Dabei basiert das Business Engineering Modell auf der Annahme, dass der Einsatz von IT ein wesentlicher Faktor für den Erfolg am Markt eines Unternehmens darstellt. (Österle & Blessing, 2003, S. 81) Neben den bereits bekannten Gestaltungsobjekten der Geschäftsprozessarchitektur und der Architektur der Informationssysteme bzw. IT-Architektur wird zusätzlich die Rolle der Geschäfts**strategie** hervorgehoben. Dabei bildet die Ebene der IT-Architektur nach Heutschi (2007, S. 9f) mit Hilfe von Anwendungssystemen oder auch Applikationen die Unterstützung der Geschäftsprozessabwicklung, welche wiederum benötigte Dateninformationen für die Abwicklung zur Verfügung stellen. Um die Applikationen in das System zu implementieren, werden IT-Komponenten, wie Hardware, Netzwerke oder auch Systemsoftware verwendet. Die IT-Architektur bildet „die Gesamtheit der computergestützten Informationsverarbeitung innerhalb eines Unternehmens" und transferiert Festlegungen der Strategie- und Prozessebene der Unternehmen, in strukturierte Daten, in Applikationen und den Beziehungen der Integrationen. (Heutschi, 2007, S. 10) Das Verhältnis der 3 Gestaltungsobjekte ist eine stetige Wechselbeziehung zueinander und die Wirksamkeit von Neuerungen von Innovationen ist nur dann wirksam, wenn alle **3 Bereiche aufeinander abgestimmt** sind. (Österle, 1995, S. 18)

2.1.1 Vorstellung ausgewählter Architekturmodelle und Frameworks

Die Enterprise Architecture betrachtet nicht nur eine einzelne Anwendung, sondern die gesamte Anwendungslandschaft eines Unternehmens. Entsprechende Modelle beschreiben auf einer aggregierten Ebene die gegenseitigen Abhängigkeiten der Gestaltungsgegenstände im Ist-Zustand zum Zwecke der Dokumentation, Analyse und Wartung oder im Soll-Zustand, um eine zukunftsorientierte Planung und Entwicklung zu ermöglichen. (Aier, Riege, & Winter, 2008, S. 292) Nach Matthes (2011) liegen im wissenschaftlichen und anwendungsorientierten Kontext mehr als 50 Modelle bzw. Frameworks mit unterschiedlichem Fokus und unterschiedlich ausgeprägtem Reifegrad vor. Zudem weichen Unternehmen von standardisierten Frameworks ab bzw. modifizieren diese in Eigenregie, um die Modelle auf ihre individuellen Bedürfnisse zuzuschneiden.

Um die Komplexität der Einzelartefakte einer Enterprise Architecture darzustellen, werden im folgenden Teil kurz die Kerngedanken und der grundsätzliche Aufbau der *Architekturpyramide* nach Dern, des *Framework for Information Systems Architecture* von Zachman und die *Informationssystem-Architektur* nach Krcmar vorgestellt.

Architekturpyramide nach Dern

Die Architekturpyramide nach Dern (2009) ist hierarchisch angeordnet. Der Ausgangspunkt für die Ableitung einer Unternehmensarchitektur ist die (Unternehmens-)Strategie, welche sich auf der obersten Ebene befindet und die Unternehmensziele. (ebd. S. 23) Jede darunter liegende Ebene operationalisiert diese Strategie sukzessive. Dazu werden für die nächstliegende Ebene die elementaren Prinzipien des Unternehmens und dessen Geschäftsfelder in Form von Business-Treibern beschrieben. Auf dieser Grundlage beschreibt die Geschäftsarchitektur formalisiert die geschäftliche Ausrichtung des Unternehmens und legt die Prozess- und die Organisationsarchitektur zur Operationalisierung und optimalen Durchführung fest. (ebd. S. 24) Die Fach- bzw. Informationsarchitektur übernimmt eine wegweisende Funktion und schafft eine gemeinsame geschäftliche und technologische Sicht für eine wertorientierte Gestaltung der Anwendungslandschaft des Unternehmens. (ebd. S. 26) Dazu wird eine fachliche Zusammensetzung und

6

das fachliche Zusammenarbeiten der Systeme definiert. Fester Bestandteil ist der systematische Abgleich und die Bewertung des Soll- und Ist-Portfolios der Informationssysteme. Das IT-Portfolio ist eine Systematisierung aller Informationssysteme und deren Abhängigkeiten und Wechselwirkungen. (ebd. S. 27)

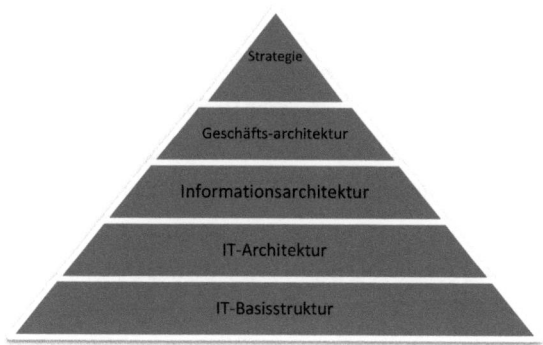

Abbildung 2: Architekturpyramide nach (Dern, 2009, S. 6)

Die IT-Architektur abstrahiert existierende oder geplante Informationssysteme und schafft somit eine Kommunikationsplattform für alle Gestaltungsbeteiligten. (ebd. S. 27f) Die IT-Basisinfrastruktur ist die gesamte Hardware mit systemnahen Softwarekomponenten, die für die Entwicklung und Betrieb der Informationssysteme benötigt wird. Diese Komponenten werden zu Basisplattformen für Informationssysteme gruppiert. Die IT-Basisinfrastruktur umfasst neben den Basisplattformen noch die Plattform- und die Sicherheitsstrategie. (ebd. S. 29)

Framework for Information Systems Architecture von Zachman

Der von John A. Zachman verfasste Artikel „A framework for information systems architecture" erschien erstmals im Jahr 1987. In einer gemeinsam mit Josh Sowa wurde die Varinate weiterentwickelt und ergänzt durch organisationale Aspekte und hieß „Extending and formalizing the framework for information systems architecture" (Sowa & Zachman, 1992) und erschien fünf Jahre später im IBM System Journal. Indem das Framework die Komplexität der Enterprise Architecture in Teilstücke zerlegt, wird es dem Anwender durch eine isolierte Betrachtung erleichtert, sich nicht im Gesamtsystem mit allen Abhängigkeiten und Details zu verlieren. (Masak, 2006, S. 96) Die Darstellung des Frameworks erfolgt typischerweise in Form einer Matrix. Während die Spalten einzelne Modelle mit entsprechenden Fragestellungen „Daten (Was?), Funktion (Wie?), Netzwerk (Wo?), Menschen (Wer?), Zeit (Wann?), Motivation (Warum?)" repräsentieren, steht jede Zeile für eine Perspektive mit einer entsprechend zugeordneten Rolle „Bereich

(Planer), Unternehmensmodell (Besitzer), Systemmodell (Designer), Technologiemodell (Erbauer), Komponenten (Subunternehmer)". (Sowa & Zachman, 1992, S. 600f.) Jede Zeile liefert einen speziellen Fokus und Modelle des Unternehmens aus verschiedenen Perspektiven sowie mit unterschiedlichen Fragestellungen. (Masak, 2006, S. 96) Ein standardisiertes Vorgehen zum Füllen des Frameworks liegt nicht vor. Vorrangig wird das Framework zur Erstellung eines statischen Ist-Zustands der Enterprise Architecture als Basis für weitere architektonische Überlegungen verwendet. (Stähler, et al., 2009, S. 11f.) Eine vollständige tabellarische Darstellung der Matrix ist bspw. in Masak (2006, S. 99) zu finden.

Ganzheitliche Informationssystem-Architektur (ISA) nach Krcmar

Die Informations- und Kommunikationssysteme, auch kurz Informationssysteme genannt, sind soziotechnische Systeme, die menschliche und maschinelle Komponenten (Teilsysteme) umfassen. Sie unterstützen die Sammlung, Strukturierung, Verarbeitung, Bereitstellung, Kommunikation und Nutzung von Daten, Informationen und Wissen sowie deren Transformation. „Informationssysteme tragen zur Entscheidungsfindung, Koordination, Steuerung und Kontrolle von Wertschöpfungsprozessen sowie deren Automatisierung, Integration und Visualisierung unter insbesondere ökonomischen Kriterien bei. Informationssysteme können Produkt-, Prozess- und Geschäftsmodellinnovationen bewirken". (Krcmar, 2015, S. 22)

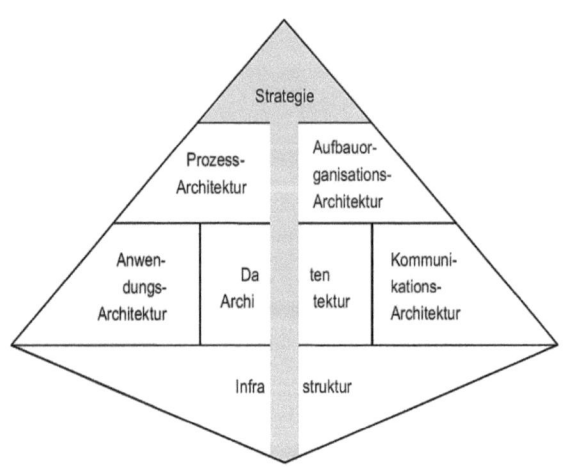

Abbildung 3: Ganzheitliches Modell der Informationssystem-Architektur in Form eines Kreisels (Krcmar, 2015, S. 104)

Während die einzelnen Artefakte der Architektur bereits aus den vorhergegangenen Ausführungen bekannt sind, soll an dieser Stelle auf Besonderheiten dieses Modells eingegangenen werden. Charakteristisch für die Informationssystem-Architektur ist die sich auf der obersten Ebene befindliche Geschäftsstrategie, die in Sinne einer Rückkopplung auch von den zur Verfügung stehenden informationssystem-Architekturen des Unternehmens geprägt wird und sich wie ein Pfeil durch die gesamte Enterprise Architecture zieht. (Krcmar, 1990, S. 399) Das äußere Erscheinungsbild des Modells in Form eines Kreisels steht sinnbildlich für die Balance und ausgewogene Abstimmung aller Schichten aufeinander und zueinander. Bleibt ein einzelnes Artefakt der Architektur bei der Gestaltung der Enterprise Architecture unberücksichtigt bzw. unzureichend integriert, gerät das Gesamtsystem „aus dem Gleichgewicht". (Krcmar, 1990, S. 399)

2.1.2 Herausforderungen und Management der IT-Architektur

Wie sich bereits aus den Ausführungen zu den im vorangegangenen Kapitel vorgestellten Architekturmodellen und Frameworks ableiten lässt, sind die Aufgabenbereiche eines Enterprise Architecture Managements sehr vielseitig, umfangreich und komplex, weshalb ein effektives und anforderungsgetriebenes Vorgehen zum Verantwortungsbereich des Enterprise Architecture Managements gehört. Niemann (2005) definiert das Architekturmanagement als „verantwortlich für die Planung, Entwicklung, Nutzung und Pflege der Unternehmensarchitektur". (Niemann, 2005, S. 25) Ahlemann, Legner, & Schäfczuk (2012, S. 20) bezeichnen das Enterprise Architecture Management als eine Managementpraxis, in dessen Rahmen Leitplanken, Architekturprinzipien und Steuerungsgremien etabliert und gepflegt werden, welche richtungsweisend für den Entwurf und die Weiterentwicklung einer Enterprise Architecture sind, damit diese die ihr gestellte Vision und Strategie erreicht. Hanschke (2016, S. 144) stellt treffend heraus, dass sich das Enterprise Architecture Management von einer unterstützenden Funktion für die Bewältigung des Tagesgeschäfts der Geschäftsarchitektur zu einem Business Enabler bzw. Money Maker weiterentwickelt hat.

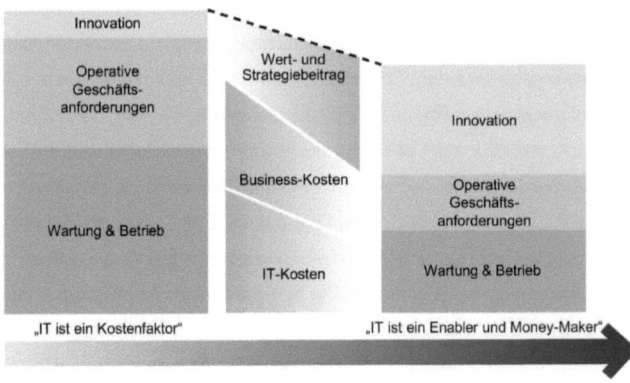

Abbildung 4: Durch Operational Excelllence Freiraum für Veränderungen schaffen (Hanschke, 2016, S. 145)

Während Schütz (2017, S. 24) die Erhöhung der IT-Effizienz bzw. die Kostenreduzierung der bestehenden IT-Architektur hervorhebt, sieht Hanschke (2016, S. 144) insbesondere den hohen Beitrag der IT zur Wettbewerbsdifferenzierung und Business-Agilität, um Veränderungen vorzubereiten und innovative Produkt-, Marktzugangs- und Kundenbindungsstrategien mitzugestalten, im Fokus. Die vorliegenden Geschäftsprozesse kostenangemessen und zuverlässig mithilfe der IT zu unterstützen und die IT-Unterstützung kontinuierlich zu verbessern ist notwendig, um durch nachhaltige Kostenreduzierung und Verbesserungen im operativen Geschäftsbetrieb (Operational Excellence) den erforderlichen Freiraum für Veränderungen zu schaffen. Hanschke (2016, S. 145) Damit stehen trotz kontinuierlich sinkenden IT-Budgets und dem damit entstehenden Kostendruck Mittel für Innovationen in den Geschäftsprozessen und der IT zur Verfügung. (Pfeifer, 2004, S. 43) Die Kernaufgabe der Strategic Excellence ist es, das Unternehmen und den jeweiligen Verantwortungsbereich strategisch auszurichten, sich an immer schneller verändernde Rahmenbedingungen anzupassen und eine systematische Weiterentwickelung voranzutreiben. (Hanschke, 2016, S. 151) Die Herausforderungen des Enterprise Architecture Managements können somit in zwei große Aufgabenfelder unterteilt werden:

- **Operational Excellence** mit den wesentlichen Aspekten:
  - o Sicherstellung des Geschäftsbetriebs,
  - o Kostenreduktion im IT-Basisbetrieb,
  - o Beherrschung und/oder Reduktion der IT-Komplexität und Optimierung des Tagesgeschäfts. (Hanschke, 2016, S. 144f.)
- **Strategic Excellence** mit den wesentlichen Aspekten:

o Ausrichtung des Unternehmens und der IT,

o Aktive Weiterentwicklung des Geschäfts durch Business-Agilitäts-Enab-
ling und Unterstützung von Business Innovationen und Transformationen.
(Hanschke, 2016, S. 152)

2.2 Serviceorientierte Architektur

Um den wirtschaftlichen Erfolg eines Unternehmens nicht zu gefährden, müssen wie aus
den vorangegangenen Kapiteln hervorgeht, die sich im Rahmen des Enterprise Architecture Managements ergebenden Veränderungen bzw. notwendigen Neuerungen
schnell, effizient und kostengünstig umgesetzt werden.

Typischerweise stehen implementierten Funktionalitäten innerhalb eines Unternehmens
jeweils nur in einem in sich geschlossenen System bzw. in entsprechenden Technologiesilos zur Verfügung. (Bley, 2007, S. 3) Dadurch sind nicht nur wertvolle Funktionalitäten in ihren Systemen isoliert, sondern müssen oft individuell entwickelt bzw. ange-
passt werden. Die Kommunikation über entsprechende Schnittstellen und der Austausch
zwischen solchen Systemen gestaltet sich oft als problematisch, insbesondere im Blick
auf die Automatisierbarkeit von Prozessen über Abteilungsgrenzen innerhalb eines Unternehmens aber auch über Unternehmensgrenzen (Zulieferern oder Kunden) hinaus.
Außerdem ist sie oft mit einem hohen Aufwand verbunden. (ebd. S. 4f)

Eine Lösung bietet eine serviceorientierte Architektur. Um eine größere Flexibilität zu
erreichen, wird der Geschäftsprozess in einzelne Teilprozesse aufgeteilt und diesen entsprechenden IT-Services mit dahinterliegenden Backend-Systemen zugeordnet. In diesem Architekturparadigma werden die Funktionalitäten aus den in sich geschlossenen
Systemen herausgelöst und in einzelne Services gekapselt. Unter einem Service wird
hierbei eine abgeschlossene, unabhängige funktionale Einheit verstanden, die eine klar
definierte Geschäftsfunktionalität anbietet. (Eckert, Repp, & Martin, 2010, S. 5) Es steht
somit nicht mehr die Technologie im Vordergrund, sondern das Geschäft, in dessen
Dienst sie steht. Durch die Kapselung der Funktionalitäten und der Verwendung von
einheitlich, standardisierten Schnittstellen können verschiedene Services lose miteinander gekoppelt werden und flexibel miteinander interagieren. (Bley, 2007, S. 4f.) Nach
Bieberstein, Bose, Fimmante, Jones, & Shah (2005, S. 4) definiert sich eine
serviceorientierte Architektur als „An enterprise-wide IT architecture that promotes loose
coupling, reuse, and interoperability services between systems." Die Unternehmen mit
einer serviceorientierten Architektur können darüber hinaus nicht nur auf interne Service
zugreifen. Sie können auch externe Services besser an- und einbinden und damit die
Vorteile von Software-as-a-Service (SaaS) im Unternehmen greifbar machen. Beim

SaaS-Ansatz wird die Software bspw. als mietbarer Dienst bezogen bzw. betrieben. Unternehmen können sich damit besser auf Ihre Kernkompetenzen konzentrieren und andere Prozesse an Dienstleister bzw. Services mit entsprechender Spezialisierung übertragen. Die Wertschöpfung des Unternehmens entsteht noch stärker im Vordergrund. (Eckert, Repp, & Martin, 2010, S. 7)

Eine serviceorientierte Architektur fungiert also als ein Architekturparadigma mit technischen und fachlichen Facetten, welches diskrete Leistungen vorhandener Informationstechnik über Services zur Verfügung stellt. (Bley, 2007, S. 5) Das übergeordnete Ziel ist es, diese Leistungen entsprechend den Wertschöpfungsprozessen eines Unternehmens flexibel zu komplexen Prozessen zusammenzustellen. Dabei liegt das Hauptaugenmerk weniger auf der technischen Umsetzung, sondern es wird stattdessen die Koordination von fachlichen Funktionen in den Mittelpunkt gerückt. Die Services verkörpern Prozessfragmente, die bei Veränderung des Prozessprozesses neu koordiniert und zu einer bedarfsgerechten Komposition zusammengestellt werden. (ebd. S. 5f.) Die serviceorientierte Architektur ermöglicht es somit das Ziel, die Anpassungsfähigkeit und die kontinuierliche Produktverbesserung mit der Informationstechnik zu unterstützen und somit die Gesamtunternehmensproduktivität zu steigern. (ebd. S. 6) Die Charakteristiken einer serviceorientierten Architektur (SOA) können anhand des von Melzer et. al. (2010, S. 11ff.) vorgestellten SOA-Tempels visualisiert werden.

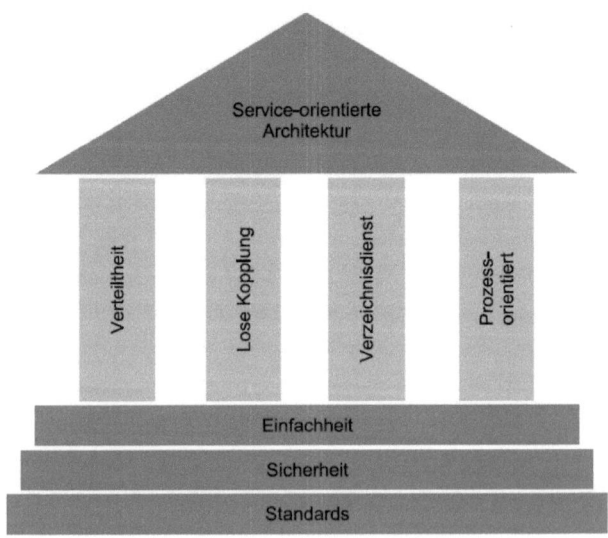

Abbildung 5: Visualisierung einer serviceorientierten Architektur anhand des SOA-Tempels (Melzer et. al., 2010, S. 13)

Das Fundament der serviceorienterten Architektur bildet die Verwendung von offenen Standards, um die Kommunikation mit allen potentiellen Teilnehmern zu ermöglichen. Sicherheit als Fundamentbaustein bezieht sich dabei auf die technologische Umsetzung der serviceorientierten Architektur mit Fokus auf Vertraulichkeit, Authentifizierung, Autorasition und Konsistenz. Die Einfachheit zielt dabei auf die aufwandslose Adaption und Widerverwendung von Services in verschiedenen Umgebungen ab. Auf diesem dreischichtigen Fundament fußen die vier Säulen des SOA-Tempels, welche eine serviceorientierte Architektur ausmachen und einzigartig erscheinen lassen. Dazu gehört insbesondere die lose Kopplung von Services. Hierdurch wird die interdependete Weiterentwicklung von Services ermöglicht. Als weiteres Merkmal wird die Verteilheit angeführt. Die einzelnen in sich geschlossenen und damit einer modularen Struktur folgenden Dienste, können sich an beliebigen Orten unabhängig vom Einsatzzweck oder potentiellen Nutzer befinden. Dies ermöglicht einen Verzeichnisdienst, der zur Verfügung stehende Services bei Bedarf die Suche nach benötigten Services ermöglicht. Die vierte Säule des SOA-Tempels bildet die Prozessorientierung. Services werden funktional und spezifisch auf den zu unterstützenden Prozess zugeschnitten. Durch Orchestrierung können Services in ständig wechselnde Kontexte zu einem Geschäftsprozess zusammengesetzt bzw. dieser entsprechend gestaltet werden. Ein grundlegender Erfolgsfaktor für eine serviceorientierte Architektur ist die ganzheitliche Betrachtung aller Unternehmensfacetten. Erst ein nahtloses Zusammenspiel aller Akteure macht eine effiziente Realisierung einer serviceorientierten Architektur möglich. Der Nutzen steigt erst mit dem Durchdringungsgrad des Unternehmens. Um vorhandene ineffiziente Ansätze zu verdrängen, müssen nach Ziegler & Müller (2009, S. 17) verbindliche Richtlinien und Prozesse festgelegt und konsequent durchgesetzt werden. Die Organisation von Rollen, Mechanismen, Regeln und Verantwortlichkeiten zur Regulierung und Kontrolle einer serviceorientierten Architektur im Sinne der anwendungsbezogenen Zielerreichung (Governance) erfordert eine Abstimmung und Verflechtung mit übergeordneten Organisationsstrukturen, die aus dem Anwendungskontext einer serviceorientierten Architektur hervorgehen. (Marks & Bell, 2006, S. 252f.) Durch die Selbstverantwortlichkeit, welche mit einer serviceorientierten Architektur einhergeht, spiegeln beteiligter Rollen bei der Nutzung und Bereitstellung von Services, die Verantwortungsbereiche und Entscheidungsbefugnisse von Personen oder Abteilungen zur Umsetzung in der Unternehmensstruktur wieder. (Ziegler & Müller, 2009, S. 16) Bei der Umsetzung einer serviceorientierten Architektur ist kritisch zu berücksichtigen, dass die Etablierung von Standards anstelle von proprietären Lösungen zur eindeutigen Spezifikation und zur plattform- und programmiersprachenunabhängigen Bereitstellung und Nutzung von Diensten mit einem hohen Aufwand verbunden sein können. Diese Aufwände sind mit einem konkreten Anwendungsfall in Bezug zum potenziellen Nutzen von serviceorientierter Architektur zu setzen. (Ziegler & Müller, 2009, S. 13) Nach Ziegler & Müller (2009, S. 18) weichen Firmen häufig von Standards ab, da sie befürchten, den Anforderungen des eigenen Unternehmens an die Services nicht gerecht werden zu können. Dies birgt das Risiko, dass sich diese Unternehmen von der technologischen Entwicklung der Services abkoppeln und dies mit einem hohen finanziellen Aufwand kompensieren müssen. Die Sicherheit ist ein zentraler Aspekt der serviceorientierten Architektur. Hierfür ist es zwingend erforderlich, dass die Services die typischen Sicherheitsaspekte, wie Kapselung, Signatur, Kryptographie, Authentisierung, Polices, Identitätenverwaltung etc., umsetzen oder die Sicherheitsfunktionen selbst als Services realisieren. (Melzer et. al., 2010, S. 66)

Im nächsten Abschnitt werden mit Hilfe von Anwendungsfällen die theoretisch erarbeiteten Grundlagen in Praxisbeispiele übertragen und mit Hilfe der geschaffenen Grundlagenforschung dargestellt.

3 Methodischer Teil

In einem nächsten Schritt sollen die vorgestellten theoretischen Grundlagen in einen Anwendungsfall transferiert werden. Dafür wird zunächst das fiktive, aber dennoch mit einer großen Schnittmenge zu tatsächlich existierenden Unternehmen, Stadtwerke von SmartCity und dessen serviceorientierte Architektur vorgestellt. Darauf aufbauend werden fünf Hypothesen aufgrund von neuen innovativen Technologiefeldern, denen sich die Stadtwerke von SmartCity zukünftig ausgesetzt sehen können, sowie deren Auswirkungen und möglichen Handlungsspielräumen formuliert und in Aussicht gestellt.

3.1 Stadtwerke von SmartCity

Das Unternehmen SmartCity wurde mit dem Ziel gegründet, die 30.000 Haushalte des Anbieters mit Gas, Fernwärme und Strom zu versorgen. Dabei entwickelt sich das kommunale Stadtwerk kontinuierlich weiter, um den Ansprüchen an ein modernes Energieversorgungsunternehmen gerecht zu werden. Als besonders zukunftsfähig haben die Stadtwerke von SmartCity **know-how- und kompetenzintensive IT-Services**, welche die Stärken von Informationsdienstleistungen mit denen industrieller Leistungen kombinieren, identifiziert.

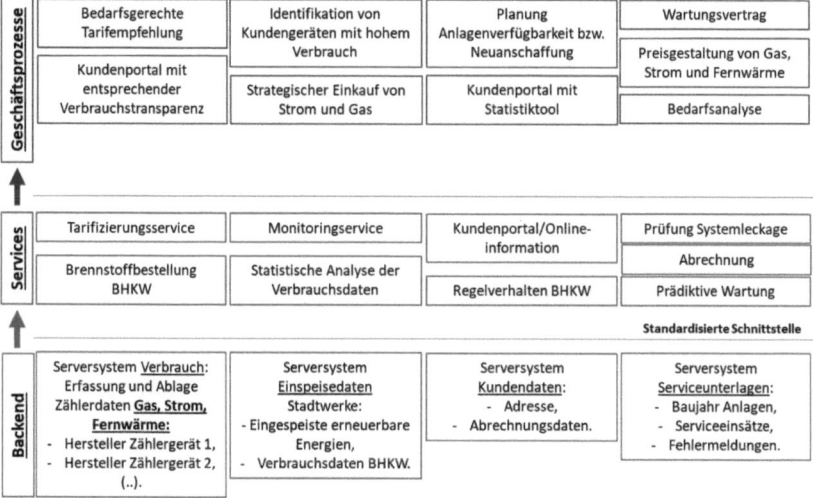

Abbildung 6: Auszug der serviceorientierten Architektur der Stadtwerke von SmartCity in Anlehnung an Eckert, Repp, & Martin (2010, S. 1) und Helbig (2010, S. 42)

Mit der Einführung der serviceorientierten Architektur wurden als Grundstein sämtliche Kundenhaushalte mit digitalen Zählern ausgestattet, die zentral über die Server der Stadtwerke ausgelesen werden können. Das Auslesen der Zähler erfolgt nahezu ohne Verzögerung und Verbrauchsdaten können somit sekundengenau ausgelesen und dokumentiert werden. Die Stadtwerke verfügen mit ihren 85 Mitarbeitern somit nicht nur über eine eigene Netzinfrastruktur zur Gas-, Fernwärme- und Stromversorgung, einer Serviceabteilung für die Gewährleistung einer unterbrechungsfreie Energieversorgung mit aktuellen technischen Anlagen und einer eigenen Abteilung für das Auslesen der Zählerstände, sondern legen mit einer serviceorientierten Architektur den Grundstein, fundierte und datengetriebene Empfehlungen für die optimale Tarifgestaltung der Kundenhaushalte zu geben. Die besonders umfangreiche und verbesserte Dokumentation individueller Versorgungsdaten von SmartCity ermöglicht zudem eine hohe Produktdifferenzierung bzw.- diversifizierung durch die Einführung von kundenspezifischen Gas-, Fernwärme- und Stromprodukten und die Leistungsbündelung zusätzlicher Produkte und Dienste (bspw. Identifikation von Kundengeräten mit hohen Verbräuchen). Das Generieren der Vorteile richtet sich jedoch nicht nur in Richtung des Endkunden, sondern kann durch die Kombination von Kundendaten mit den Einspeisedaten der Stadtwerke von SmartCity zudem durch statische Analysen der Verbrauchsdaten das Regelverhalten des Blockheizkraftwerks und der Brennstoffverbrauch prognostiziert werden. Dies bildet die Grundlage für die Realisierung eines strategischen Einkaufs von Strom und Gas und einer adäquaten Planung von Anlagenverfügbarkeiten bzw. notwendigen Investitionsentscheidungen in Hinblick auf mögliche Neuanschaffung zur Kapazitätserweiterung. Die Datenerfassung mit einer standardisierten Schnittstelle erstreckt sich zudem auf die Dokumentation von Serviceunterlagen des unternehmenseigenen Versorgungsnetzwerkes. Anfallende Wartungsarbeiten werden dadurch nicht mehr anhand eines zeitbasierten Modells mit festen Wartungsintervallen, sondern zustandsbasiert anhand von aufgenommen Messdaten vorgenommen. Dies gewährleistet nicht nur eine möglichst hohe Anlagenverfügbarkeit, sondern nutzt den Abnutzungs- bzw. Verschleißvorrat der Anlagen bis zur nächsten notwendigen Wartung kostenoptimal aus. Einen Auszug der serviceorientierten Architektur zur Realisierung der vorgestellten Geschäftsprozesse der Stadtwerke von SmartCity zeigt Abbildung 6. Die gesammelten Daten (Backend) können über eine standardisierte Schnittstelle über Services verschiedenster Natur so aufbereitet werden, dass diese eine konsistente Grundlage für die Geschäftsprozesse der Stadtwerke von Smart City bilden.

3.2 Hypothesenbetrachtung hinsichtlich der Auswirkungen von innovativen Technologiefeldern auf die serviceorientierte Architektur

1. Hypothese: Internet of Things schafft durch eindeutige virtuelle Identitäten eine Realisierungsmöglichkeit für die Umsetzung von Energie-Contracting mit zahlreichen Endkunden der Stadtwerke von SmartCity.

Die Umsetzung von Modernisierungsvorhaben zur rationellen Energieverwendung und damit die Erschließung wirtschaftlicher Einsparpotentiale in Gebäuden oder zusammengehörenden Versorgungsarealen scheitert oft an fehlenden nötigen Finanzmitteln. (Energieagentur NRW, 2022, S. 4) Einen Ausweg bietet der Einsatz einer Dienstleistung in Form von Wärme- bzw. Heizungscontracting, das den Einsatz von Energieeffizienztechnologie ermöglichen kann. Contracting fungiert dabei als eine Gesamtenergiedienstleistung, die alle Schritte von der Planung über die Realisierung der Gebäudesanierung bis zum Controlling und der Instandhaltung der Anlagen einschließt. Somit ist Contracting ein mögliches Instrument, um Investitionen in den Liegenschaften eines Contracting-Nehmers zu tätigen, deren Finanzierung völlig unabhängig von dessen eigenen Mitteln ist. (Appelt, Lohse, & Höflich, 2015, S. 5) Das Vorgehen lässt sich nach DIN 8930-5:2003-11 in vier Contracting-Formen differenzieren: Energieliefer-Contracting (Anteil ca. 85 %), Einspar-Contracting (Anteil ca. 10 %), Finanzierungs-Contracting (Anteil ca. 2,5 %) und Technisches Anlagenmanagement (Anteil ca. 2,5 %). Treiber für Modernisierungen sind dabei nicht nur monetäre Aspekte für den Endnutzer, sondern auch die Einhaltung der Gesetze zur Förderung des Klimaschutzes. (Appelt, Lohse, & Höflich, 2015, S. 4) Beim Energieliefer-Contracting übernimmt der Contractor die Versorgung bspw. mit Wärme oder Kälte und verkauft die Nutzenergie an den Gebäudeeigentümer. Das Energieliefer-Contracting ist ausschließlich auf die Energiebereitstellung begrenzt, die Optimierung der Verbrauchsebene verbleibt weiter Aufgabe des Contracting-Nehmers. (Appelt, Lohse, & Höflich, 2015, S. 7)

Im Falle der Stadtwerke von SmartCity könnte hier bspw. eine zu sanierende Heizungsanlage eines Endkunden durch eine Investition in den Anschluss an das Fernwärmenetz mit einem entsprechenden Energieliefervertrag substituiert werden. Bei öffentlichen Einrichtungen könnte die Anwendung von Contracting bspw. auf eine städtische Schule skaliert werden. Die Stadtwerke von SmartCity als Contractor treten in diesem Modell hinsichtlich der Investition, der Brennstoffbeschaffung und später auch der Wartungs- und Instandhaltungskosten zunächst in Vorleistung und stellen dem Contracting-Nehmer eine feste Abrechnungsgröße über einen definierten Vertragszeitraum für die Nutzung

der Energie zur Verfügung. Beim Einspar-Contracting liegt neben der effizienten Bereitstellung von Energie besonders die Optimierung der Nutzung im Fokus. Der Contractor
führt in einer oder mehreren Liegenschaften eine Analyse möglicher Energieeinspar-
maßnamen durch und garantiert eine bestimmte Energieverbrauchs- und Energiekoste-
neinsparung. Diese Betrachtung schließt zudem vermiedenen Wartungs- und Instandhaltungskosten ein. (Appelt, Lohse, & Höflich, 2015, S. 9) Die Vergütung der Stadtwerke
von SmartCity würde sich im Rahmen des Einspar-Contracting auf einen definierten mo-
netären Gegenwert der Einsparung im Vergleich zum Energieverbrauch vor der Moder-
nisierung festschreiben. Der Contracting-Nehmer hätte in diesem Fall nicht nur eine ef-
fizientere Energiebereitstellung, sondern übernimmt die Einsparung zudem die finanzi-
elle Kraft für die Amortisation der Investition.

Steigt die Anzahl von Contracting-Nehmern in SmartCity an, wird es unerlässlich, nicht
nur den einzelnen technischen Anlagen und deren Verbrauchseinheiten eine eindeutige
physikalische und virtuelle Identität zu geben, sondern auch den einzelnen Verträgen
und Abrechnungsmodellen, die mit diesen Vorhaben einhergehen. Diese Aufgabe ist
nach Badach (2014, S. 4) ein prädestinierter Anwendungsfall für die Technologie „Internet of Things", die eine Möglichkeit der Realisierung über Sensor-Aktor-Netzwerke und
deren Protokolle bietet. Wie bereits hinsichtlich der Zählerdatenerfassung bei den Stadtwerken von SmartCity implementierten Standardschnittstellen der serviceorientierten Architektur wird die Verarbeitung weiterer Daten im Rahmen des Contractings unabkömm-
lich. Die serviceorientierte Architektur kann hier nicht nur bei den Abrechnungsmodellen
unterstützen, sondern bereits durch die Analyse der Verbrauchsdaten entsprechende
Geschäftspotentiale für einen solchen Vertrag offenlegen.

2. Hypothese: Endkunden von SmartCity fordern eine unkomplizierte Adaptierung an
mobile Endgeräte wie Smartphones bzw. Tablets.

Die IT-Durchdringung ist sowohl im beruflichen als auch privaten Bereich in den vergan-
genen Jahren überdurchschnittlich stark gestiegen: Smartphones sind de facto Standard, aber auch Tablets haben sich etabliert und sind allgegenwärtig. (Disterer & Kleiner,
2014, S. V) Damit hat sich allein in Deutschland der Anteil der Bevölkerung, der ein
Tablet nutzt von 13 % im Jahre 2012 auf 58 % im Jahre 2020 mehr als vervierfacht.
(statista GmbH, 2022) Neben der Funktionalität von mobilen Endgeräten als effektives
Kommunikationsinstrument zum Kunden, werden sie zunehmend auch zur Abwicklung
komplexer Geschäftsprozesse und Dienstleistungen eingesetzt bzw. dieser Funktions-
umfang kundenseitig explizit erwartet. (Sammer, Back, & Thomas, 2014, S. 15) Knüpffer
(2017, S. 2) konstatiert, dass neue mobile Technologien Unternehmen in nahezu allen
Unternehmensbereichen entlang der Wertschöpfungskette neue Möglichkeiten und

Chancen bieten. Das größte Potential verbirgt sich demnach in integrierten Lösungen. Die Entwicklung im Bereich der mobilen Endgeräte ist sehr dynamisch. Nahezu jährlich bringen Hersteller neue Geräte mit facettenreichen Betriebssystemen auf den Markt, die jeweils ihre Vorläufer an Leistungsfähigkeit übertreffen. Aufgrund der begrenzten Rechenkapazitäten sind mobile Endgeräte jedoch besonders stark auf die Vernetzung und die Kompatibilität mit anderen Systemen angewiesen. (Knüpffer, 2017, S. 14f.) Das hat zur Folge, dass sehr viele mobile Anwendungen heute auf zahlreiche Informationsquellen zugreifen und in ein Netzwerk aus Diensten und Hintergrundsystemen eingebunden sind. Die IT-Architektur muss demnach in der Lage sein, zahlreiche mobile Endgeräte über alle Kanäle hinweg miteinander zu verbinden und gleichermaßen zu unterstützen. (Zies & Schmid, 2016, S. 3)

Es wird deutlich, dass die Entwicklung bzw. die Bereitstellung einer mobilen Anwendung weit über die reine Softwareentwicklung hinausgeht. Oft müssen geeignete Prozesse und technisch-organisatorische Strukturen zur Bereitstellung eines Services erst geschaffen werden. Für die Stadtwerke von SmartCity wäre die adäquate Abdeckung aller Anforderungen durch die Entwicklung eigener Lösungen schier unmöglich bzw. unwirtschaftlich. In diesem Szenario können die Stadtwerke jedoch die Vorzüge einer serviceorientierten Architektur ausspielen und extern entwickelte Services integrieren bzw. hinzukaufen. Die externen Services werden durch fachlich spezialisierte Anbieter bereitgestellt und kontinuierlich aktualisiert. Möchten die Stadtwerke von SmartCity bspw. ein Online-Portal für die Ablesung ihres zeitlich aufgelösten Verbrauchs zur Verfügung stellen, können über die standardisierte Schnittstelle browserbasierte Web-Apps Informationen über einen Link abgerufen werden. Eine Installation und ggf. Updates können damit entfallen. (Knüpffer, 2017, S. 14)

3.Hypothese: Cyber- bzw. IT-Security ist ein integraler Bestandteil der IT-Architektur und muss kontinuierlich weiterentwickelt werden und macht eine Implementierung von Security as a Service unabdingbar.

Nach Ziegler & Müller (2009, S. 84) hat sich das Thema Cyber- bzw. IT-Security in den von einem technischen Spezialgebiet für Insider zu einem geschäftsrelevanten Faktor entwickelt. Zies & Schmid (2016, S. 12) zählen Cybersecurity zu den drei wichtigsten Themen für CIOs, die selbst im Falle einer Rezession an dieser Stelle keine Budgetkürzungen vornehmen würden. Allgemein steht der Begriff Informationssicherheit für Eigenschaften von informationsverarbeitenden und -lagernden Systemen, welche die Vertraulichkeit, Verfügbarkeit und Integrität von Daten und Prozessen sicherstellen und kontinuierlich überprüfen. (Ziegler & Müller, 2009, S. 104) Mögliche Angriffe, systematisierte Industriespionage durch Geheimdienste oder professionell agierende kriminelle

Organisationen und damit der unbefugte Zugriff auf vertrauliche Daten sollen verhindert werden. (Zies & Schmid, 2016, S. 12)

Dies gilt in einem besonderen Maße für eine serviceorientierte Architektur, da diese den Ansatz verfolgt, modulare und neue Anwendungselemente zu einer neuen Lösung zu verknüpfen und somit per Definition anstelle eines Monolithen eine geöffnete Architekturumgebung bieten. (Ziegler & Müller, 2009, S. 84) So befinden sich im Hintergrund von serviceorientierten Architekturen auch immer entsprechende Geschäftsprozesse, die durchaus kritisch und daher schutzbedürftig sein können. Generell erfordert eine serviceorientierte Architektur nach Ziegler & Müller (2009, S. 104) keine gesonderten oder neuen Techniken bzw. Konzepte zur Sicherstellung von Informationssicherheit. Die Autoren merken jedoch an, dass Systeme und Architekturen, die auf offenen, weltweit gut bekannten Standards aufsetzen, ohne entsprechenden Schutz erheblich anfälliger für unbefugte Eingriffe sind als Systeme in der Vergangenheit, welche nur von wenigen Experten („Security by Obscurity") weltweit verstanden werden. Da es sich bei SOA typischerweise um das Zusammenspiel verteilter Anwendungselemente handelt, werden die traditionellen Herausforderungen der IT-Security erweitert. Dazu zählen beispielsweise die Umwandlung von Identitäten, die Verwendung von Industriestandards sowie neben der Sicherheit von einzelnen Service-Anfragen (bzgl. Vertraulichkeit, Authentifizierung, usw.) durch die lose Kopplung der Service auch übergreifende Aspekte wie Transaktionssicherheit. (Bundesamt für Sicherheit in der Informationstechnik, 2009, S. 9) Die Forderung hoher Agilität und die flexible Anpassung an sich verändernde Geschäftsprozesse geht ebenso mit einer Forderung an hoher Flexibilität auf Seiten der Sicherheitskonzepte einher. (Ziegler & Müller, 2009, S. 104) Nach Ziegler & Müller (2009, S. 12) lassen sich Unternehmen mit einer hohen Awareness für die Notwendigkeit eines adäquaten Sicherheitssystems bereits regelmäßig von externen Organisationen überprüfen und greifen auch bei der Implementierung der neusten Werkzeuge den Servicegedanken auf: mit **Security-as-a-Service** können nicht zuletzt umfangreiche Sicherheitschecks vorgenommen werden, bevor die potentiell infizierten Daten das Unternehmensnetzwerk erreichen. Security-as-a-Service führt somit nicht nur zu einer stärkeren Entlastung der Anwendungstechnik und einer Förderung der Konzentration auf die Geschäftslogik, sondern professionalisiert vordergründig die Sicherheitsstandards in einer serviceorientierten Architektur. (ebd. S. 84)

Um eine Hilfestellung beim Thema IT-Security zu leisten und um die Relevanz herauszustellen hat das Bundesamt für Sicherheit in der Informationstechnik (2009) bereits zwei umfangreiche Grundlagenwerk zur Sicherheit von serviceorientierten Architekturen bereitgestellt. Da die Stadtwerke von SmartCity viele benutzerspezifische Daten Ihrer Endkunden erfassen und ablegen (Zählerdaten, Kundendaten, Abrechnungsdaten,

Prognosedaten etc.), setzen die serviceorientierte Architektur auf die Implementierung von Security-as-a-Service. Eine mögliche Angriffstelle für die Stadtwerke von SmartCity könnte bspw. die sogenannte „XML Signature Element Wrapping Attack" oder „Brute-Force/Dictionary Attack" sein. (Bundesamt für Sicherheit in der Informationstechnik, 2009, S. 32ff) Während beim XML Signature Element Wrapping Attack durch Veränderungen an der Signatur das unbemerkte Fälschen von Dokumenten im Vordergrund steht, versucht bei der Angreifer bei der Brute-Force/Dictionary Attack durch ein automatisiertes Ausprobieren sämtlicher Buchstaben- und Zahlenkombinationen Login- bzw. Authentifizierungsdaten zu erraten. Abhilfe kann hier ein Service schaffen, der bspw. im ersten Fall über eine externe Überprüfung in einem dem Service angehörigen Rechenzentrum die kontextabhängige Semantik des Dokuments überprüft und im zweiten Fall ein Intrusion Detection System über einen Service bereitgestellt wird, das die Login-Versuche dokumentiert und ab einem Schwellwert die Absenderadresse sperrt.

4. Hypothese: Die Verwendung einer Künstlichen Intelligenz kann maßgeblich dazu bei-tragen, Serviceanfragen bei den Stadtwerken von SmartCity effektiver zu bearbeiten.

Insbesondere bei der Versorgung von Haushalten mit Gas, Fernwärme und Strom be-steht die Anspruchshaltung des Endkunden einer dauerhaften und kontinuierlichen Ver-fügbarkeit. (Kahle, 2019) Um das Nutzererlebnis für den Endkunden der Stadtwerke von SmartCity auch im Falle einer etwaigen Störung positiv zu gestalten, ist die Bearbeitung von Serviceanfragen ein essenzieller Bestandteil des Geschäftsmodells. Die erfassten Verbrauchsdaten über die Verbrauchszähler der Stadtwerke von SmartCity können Nut-zungsprofile über einzelne Haushalte bzw. größer gefasste Raster von Stadtteilen er-stellt werden. Unter Zuhilfenahme einer Künstlichen Intelligenz ist es damit möglich, bspw. ausgeprägte Anomalien (vgl. Backhaus, Erichson, Plinke, & Weiber (2018, S. 225ff), die auf einen Anlagenausfall oder eine Beschädigung des Versorgungsnetzes hinweisen, bei der Auswertung des Verbrauchs frühzeitig zu identifizieren und eine ent-sprechende Serviceeinheit für die Instandsetzung einzuplanen. Während ein ausblei-bender Verbrauch eines einzelnen Haushalts einem Urlaub zugrunde liegen könnte, kann der ausbleibende Verbrauch einer ganzen Straße bspw. auf einen Defekt an einer Hauptverteilerleitung schließen lassen. Wird eine notwendige Instandsetzung nicht un-mittelbar ermöglicht, sondern der Zeitpunkt der Instantsetzungsarbeiten auf einen weiter entfernten Termin gelegt, können bereits erste Warnindikatoren für betroffene Kunden hinterlegt werden, die bei einer Serviceanfrage eine entsprechende Dringlichkeit unter-streichen. Erreicht das Service Desk der Stadtwerke von SmartCity nun eine Anfrage eines betroffenen Kunden, wird dieser nun über ein automatisiertes Predictive Routing System aufgrund der Dringlichkeit seines Anliegens unmittelbar mit einem zuständigen

Mitarbeiter verbunden. Predictive Routing übernimmt in diesem Fall die Einstufung der Anfrage nach Dringlichkeit und Komplexität. Während Routineanfragen, wie bspw. die Neuausstellung eines verpassten Servicetermins, mit automatisierten Ansagen oder Eingabemöglichkeiten abgewickelt werden können, können versorgungskritische Anliegen höher priorisiert werden. (Manage Engine, 2022, S. 9) Idealerweise reagieren die Stadtwerke von SmartCity bereits auf Grundlage der vorliegenden Daten proaktiv und informieren den Kunden bereits im Rahmen der internen Kenntnisnahme über das Vorhandensein der Störung über die entsprechend eingeleiteten Maßnahmen zur Behebung.

5.Hypothese: Die stetig steigende Datenflut, aufgrund der aufgenommenen Verbrauchsdaten und die dynamischen Lastspitzen, machen in Zukunft ein bedarfsorientiertes Cloud Computing notwendig.

Bereits 2010 stellten die Autoren Repschläger, Pannicke, & Zarnekow. (2010) die immense Wichtigkeit des Cloud Computing als einer der zentralen Business Treiber für moderne Unternehmen heraus. Nach Pelzl, Helferich, & Herzwurm (2013, S. 1f.) lassen sich drei Gestaltungsmöglichkeiten von Cloud Computing differenzieren: Software-as-a-Service, Platform-as-a-Service und Infrastructure-as-a-Service. Als Gemeinsamkeit haben alle drei Services die Möglichkeit, dass sie als eine bedarfsorientierte und skalierbare IT-Dienstleitung auf Basis eines Mietmodells genutzt werden können und damit Unternehmen auf Grundlage von variablen Kostenmodelle eine hohes Maß an Flexibilität ermöglichen. (Repschläger, Pannicke, & R., 2010, S. 6) Während bei Infrastructure-as-a-Service die Hardware meist nutzungsabhängig zur Verfügung gestellt wird, steigt der Integrationsgrad bei Platform-as-a-Service in Form einer zusätzlichen Entwicklungsumgebung bis hin zu Software-as-a-Service, meist in Form einer webbasierten Anwendung, skuzessive weiter an. (Pelzl, Helferich, & Herzwurm, 2013, S. 1) Für die Stadtwerke von SmartCity bietet die Verwendung von Cloud Computing insbesondere bei drei Kernbestandteilen des Geschäftsmodells Vorteile bei den typischen Einsatzfeldern nach Münzl, Pauly, & Reti (2015, S. 15): Die Stadtwerke von SmartCity sehen sich aufgrund der kontinuierlich steigenden Dokumentation von Verbrauchsdaten einem sukzessive steigenden Bedarf an Speicherplatz ausgesetzt mit unterschiedlicher zeitlicher Notwendigkeit der Dateneinsicht („Infrastruktur-Puffer für kurzfristig benötigte Rechen- und Speicherressourcen"). Zudem geht insbesondere die mit der Tarifgestaltung notwendige Prognoseberechnung der Verbräuche der Bedarf an eine hohe Rechenkapazität einher („High Performance Computing-Infrastruktur"). Gerade im Zeitraum der Rechnungsstellung und Berechnung des Abschlages für die kommende Abrechnungsperiode konzentriert sich bei vielen Nutzern die Benutzung des Kundenkontos bzw. dessen Einsicht auf einen verhältnismäßig kleinen Zeitraum im Jahr. Hier können die Stadtwerke von SmartCity vom Cloud Computing als

„Betriebsumgebung für lastdynamische Web-Applikation" zum Abfangen der Spitzenlasten profitieren. Das unökonomische Vorhalten eigener Ressourcen, die einen Großteil der Zeit nicht genutzt werden, kann somit enfallen, da der Provider die Last der zeitnahmen Bereitstellung trägt. Damit trägt Cloud Computing dazu bei, Investitionsrisiken zu senken bzw. zu minimieren. Untersuchungen nach Münzl, Pauly, & Reti (2015, S. 17) zeigen somit beispielweise, dass klassische IT-Systeme über durchschnittliche Auslastungen nur zwischen 10% und 50 % verfügen und somit einen hohen Kapazitätsvorrat lediglich für die Bedienung von temporären Lastspitzen vorgehalten wird. Spath, Weiner, Renner, & Weisbecker (2012, S. 17) unterscheiden die Organisationsformen private, öffentliche sowie hybride Cloud. Eine öffentliche Cloud richtet sich demnach an einen Kundenkreis, der auf eine günstige Virtualisierung und Skalierung setzt, während sich private Cloud vorzugsweise für die Bearbeitung von sensiblen Daten auf einem eigenen Server oder einem vertraulichen Drittanbieter eignet. Für die Stadtwerke von SmartCity, die einen entsprechenden Mix aus sensiblen und frei zugänglichen Daten vorweisen kann, ist eine hybride Cloud, welche die Welten einer öffentlichen und privaten Cloud vereint, das Mittel der Wahl. So können vertrauliche Daten auf dem Server von den Stadtwerken von Smart City abgelegt werden und die Infrastruktur, Plattform oder Softwareanwendungen bei einer öffentlichen Cloud gehostet werden.

4 Zusammenfassung und Ausblick

Die vorliegende Arbeit hat die Enterprise Architektur in ihrer Funktion als Element zur Beschreibung und Planung der unternehmerischen Wertschöpfung und als Gestaltungsrahmen für die Anpassung des Unternehmens an geänderte Anforderungen aufgegriffen. Es stellte sich dabei heraus, dass für einen erfolgreiche Umsetzung von Geschäftsprozessen der Einklang und die Synchronisation mit der IT-Architektur von essenzieller Bedeutung ist. Durch eine adäquate Ausgestaltung der IT-Architektur kann diese nicht nur Geschäftsprozesse unterstützen, sondern gar selbst zur Weiterentwicklung beitragen. Um die Komplexität einer Architektur auf einer aggregierten Ebene darzustellen, wurden ausgewählte Architekturmodelle (Architekturpyramide nach Dern, Framework for Information Systems Architecture von Zachman und ganzheitliche Informationssystem-Architektur nach Krcmar) vorgestellt. Hinsichtlich der Herausforderungen und dem Management einer IT-Architektur wurde insbesondere angeführt, dass die IT maßgeblich zur Wettbewerbsdifferenzierung und -agilität beiträgt, um innovative Produkt-, Marktzugangs- und Kundeneinbindungsstrategien mitzugestalten. Grundsätzlich lassen sich zwei große Aufgabenfelder unterteilen: Operational Excellence mit einem Fokus auf der Kostenreduktion und der Beherrschung der IT-Komplexität und Strategic Excellence mit dem Schwerpunkt auf der aktiven Weiterentwicklung des Unternehmens und der IT. Da in herkömmlichen und historisch gewachsenen Systemen die implementierten Funktionalitäten innerhalb eines Unternehmens meist nur in einem geschlossenen System bzw. in entsprechenden Technologiesilos zur Verfügung stehen, wurde die serviceorientierte Architektur als eine Möglichkeit, diese Grenzen aufzulösen, vorgestellt. Bei einer serviceorientierten Architektur liegt das übergeordnete Ziel in einer flexiblen Bereitstellung von Services entsprechend den Wertschöpfungsprozessen eines Unternehmens. Das Hauptaugenmerk liegt weniger auf der technischen Umsetzung, sondern auf der fachlichen Funktion. Durch die Kapselung von Funktionalitäten und der Verwendung von einheitlich, standardisierte Schnittstellen können verschiedene Services lose miteinander gekoppelt werden und flexibel miteinander interagieren.

Im Rahmen des Praxisbeispiels wurden die theoretischen Erkenntnisse auf ein fiktives Energieversorgungsunternehmen, die Stadtwerke von SmartCity, transferiert. Die Stadtwerke von SmartCity sind ein datengetriebenes Unternehmen mit einer serviceorientierten Architektur. Die Betrachtung der Auswirkungen neuer, innovativer Technologiefelder auf die serviceorientierte Architektur in Form von aufgestellten Hypothesen zeigt deutlich, dass das hohe Maß an Flexibilität, die standardisierten Schnittstellen und die Integrationsmöglichkeit externer, durch professionelle Dienstleister betreute, Services, die zukünftig notwendige Wandlungsfähigkeit gewährleistet werden kann. Die Einbindung von virtuellen Identitäten durch Internet of Things kann folglich an die Verbrauchs- und Nutzerdaten adaptiert werden. Die standardisierte Schnittstelle macht die Einbindung von mobilen Endgeräten, die mit einer hohen Variantenvielfalt vorliegen, durch die Nutzung von Services, die auf das jeweilige Gerät spezialisiert sind, unkompliziert. IT-Security kann künftig als Security-as-a-Service eingebunden werden und somit stetig auf Grundlage von aktuellen Sicherheitsstandards eine Informationssicherheit gewährleisten. Die Verknüpfung von Serviceanfragen mit aktuellen Wartungsmeldungen ausgelesener Anlagen im Netz von den Stadtwerken von SmartCity kann durch eine Künstliche Intelligenz dazu beitragen, Kundenanfragen zielgerichteter und schneller zu bearbeiten, bzw. die Notwendigkeit einer Kontaktaufnahme durch eine prädiktive Wartung bereits zu vermeiden. Die stetig weiter voranschreitende Digitalisierung kann durch die Einbindung von bedarfsorientiertem Cloud Computing in Form von unterschiedlichen Ebenen (Infrastructure-as-a-Service, Platform-as-a-Service oder Software-as-a-Service) bedient und abgewickelt werden. Zusammenfassend lässt sich anhand des Praxisbeispiels feststellen, dass es sich bei dem Konzept einer serviceorientierten Architektur um eine zukunftsträchtige Architektur handelt.

Kritisch bleibt anzumerken, dass die (nachträgliche) Einführung einer neuen IT-Architektur bei einem Unternehmen immer mit hohen initialen Kosten einhergeht und der Fokus immer auf der kontinuierlichen Sicherstellung eines IT-Basisbetriebs liegen muss. Zudem baut eine serviceorientierte Architektur immer auf der Verwendung eines einheitlichen Standards auf. Verändert sich dieser Standard aufgrund von technologischen Weiterentwicklungen, sind weitreichende Kompatibilitätsprobleme in der Umstellungszeit nicht ausgeschlossen.

Literaturverzeichnis

Ahlemann, F., Legner, C., & Schäfczuk, D. (2012). Introduction. In F. Ahlemann, E. Stettiner, M. Messerschmidt, & C. Legner, *Strategic Enterprise Architecture Management: Challenges, Best Practices, and Future Developments.* Berlin, Heidelberg: Springer-Verlag.

Aier, S., Riege, C., & Winter, R. (2008). Unternehmensarchitektur - Literaturüberblick und Stand der Praxis. *Wirtschaftsinformatik 50,* S. 292-304.

Appelt, H., Lohse, R., & Höflich, H. (2015). *Contracting im Energiebereich - Erfolgsbeispiele aus Baden-Württemberg.* Stuttgart: Ministerium für Umwelt, Klima und Energiewirtschaft Baden-Württemberg.

Backhaus, K., Erichson, B., Plinke, W., & Weiber, R. (2018). *Multivariate Analysemethoden.* Berlin: Springer Verlag.

Badach, A. (2014). Internet of Things. In *Protokolle und Dienste der Informationstechnologie.* Kissing: WEKA Media.

Barkow, R. (2010). Grundlagen von EAM. In J. Keuntje, & R. Barkow, *Enterprise Architecture Management in der Praxis - Wandel, Komplexität und IT-Kosten im Unternehmen beherrschen* (S. 430). Düsseldorf: Symposium.

Bieberstein, N., Bose, S., Fimmante, M., Jones, K., & Shah, R. (2005). *Serviceorientierte Architectur Compass.* IBM Press.

Bley, C. (2007). *Service-orientierte Software-Architektur für Geschäftsprozesse.* Saarbrücken: VDM Verlag Dr. Müller.

Bundesamt für Sicherheit in der Informationstechnik. (2009). *SOA-Security-Kompendium - Sicherheit in Service-orientierten Architekturen Version 2.0.1.* Bonn: Bundesamt für Sicherheit in der Informationstechnik.

Dern, G. (2009). *Management von IT-Architekturen - Leitlinien für die Ausrichtung, Planung und Gestaltung von Informationssystemen.* Wiesbaden: Vieweg+Teubner.

Disterer, G., & Kleiner, C. (2014). *Mobile Endgeräte im Unternehmen - Technische Ansätze, Compliance-Anforderungen, Management.* Wiesbaden: Springer-Vieweg.

Eckert, J., Repp, N., & Martin, W. (2010). Status quo - Trends - Perspektiven. In V. u. Hessisches Ministerium für Wirtschaft, *SOA - Mehr als nur flexible Softwarearchitektur* (S. 5 -18). Kassel.

Energieagentur NRW. (2022). *Ein Leitfaden zur Projektabwicklungsform Contracting.* Düsseldorf: Ministerium für Verkehr, Energie und Landesplanung des Landes Nordrhein-Westfalen.

Hanschke, I. (2016). *Enterprise Architecture Management - einfach und effektiv, Ein praktischer Leitfaden für die Einführung von EAM.* München: Carl Hanser Verlag .

Helbig, R. (2010). SOA-KOmmunikation: "Wie überzeug' ich meinen Chef?". In V. u. Hessisches Ministerium für Wirtschaft, *SOA - Mehr als nur flexible Softwarearchitektur* (S. 38-53). Kassel.

Heutschi, R. (2007). *Serviceorientierte Architektur - Architekturprinzipien und Umsetzung in die Praxis.* Berlin, Heidelberg: Springer-Verlag.

Hildebrand, K. (2001). *Informationsmanagement - Wettbewerbsorientierte Informationsverarbeitung mit Standard-Software und Internet.* München: Oldenburg Verlag.

Kahle, C. (2019). *Die Elektrizitätsversorgung zwischen Versorgungssicherheit und Umweltverträglichkeit .* Baden-Baden: Nomos-Verl.-Ges.

Kappes, R., & Stutz, M. (2012). IT-Architektur wird messbar. *Management (62),* 62-68.

Knoll, M. (2018). *IT-Architektur.* Wiesbaden: Springer Fachmedien Wiesbaden GmbH.

Knüpffer, W. (2017). *Integration mobiler IT-Systeme - Einsatzfelder – Management – Strategie.* Berlin: Erich Schmidt Verlag.

Krcmar, H. (1990). Bedeutung und Ziele von Informationssystem-Architekturen. *Wirtschaftsinformatik, 32(5),* S. 395-402.

Krcmar, H. (2015). *Informationsmanagement.* Berlin: Springer-Verlag GmbH.

Lankhorst, M. (2009). *Enterprise Architecture at Work: Modelling, Communication and Analysis.* Berlin: Springer-Verlag.

Manage Engine. (2022). *The AI advantage - Künstliche Intelligenz im IT Servicedesk: Anwendungsfälle und Szenarien.* MicroNova AG.

Marks, E., & Bell, M. (2006). *Executive's Guide to Service-Oriented Architecture Scenario.* New York City: Wiley.

Masak, D. (2006). *IT-Alignment - IT-Architektur und Organisation.* Berlin: Springer-Verlag.

Matthes, D. (2011). *Enterprise Architecture Frameworks Kompendium.* Berlin Heidelberg: Springer-Verlag.

Melzer, I. (2010). *Service-orientierte Architekturen mit Web Services*. Heidelberg: Spektrum Akademischer Verlag.

Münzl, G., Pauly, M., & Reti, M. (2015). *Cloud Computing als neue Herausforderung für Management und IT*. Wiesbaden: Springer-Vieweg.

Niemann, K. (2005). *Von der Unternehmensarchitektur zur IT-Governance: Bausteine für ein wirksames IT-Management*. Wiesbaden: Vieweg.

Österle, H. (1995). *Business Engineering: Prozess- und Systementwicklung*. Berlin: Springer-Verlag.

Österle, H., & Blessing, D. (2003). Business Engineering Modell. In H. Österle, & R. Winter, *Business Engineering* (S. 65-85). Berlin: Springer-Verlag.

Pelzl, N., Helferich, A., & Herzwurm, G. (2013). *Wertschöpfungsnetzwerke deutscher Cloud-Anbieter*. Wiesbaden: Springer-Vieweg.

Repschläger, J., Pannicke, D., & Zarnekow, R. (2010). Cloud Computing: Definitionen, Geschäftsmodelle und Entwicklungspotenziale. *HMD Praxis der Wirtschaftsinformatik (47)*, 6-15.

Ross, J. W. (2003). Creating a Strategic IT Architecture Competency: Learning in Stages. *MIS Quarterly Executive, 2 (1)*, S. 31-43.

Ross, J. W., Weill, P., & Robertson, D. (2006). Enterprise Architecture as Strategy: Creating a Foundation for Business Execution. *Harvard Business School Press*.

Sammer, T., Back, A., & Thomas, W. (2014). *Mobile Business; Management von mobiler IT in Unternehmen*. Zürich: Verlag Buch & Netz.

Schütz, A. (2017). *Komplexität von IT-Architekturen - Konzeptualisierung, Quantifizierung, Planung und Kontrolle*. Wiesbaden: Springer Fachmedien Wiesbaden GmbH.

Sowa, J., & Zachman, J. (1992). Extending and formalizing the framework for information systems architecture. *IBM Systems Journal, 31(3)*, S. 590-616.

Spath, D., Weiner, N., Renner, T., & Weisbecker, A. (2012). *Neue Geschäftsmodelle für die Cloud entwickeln*. Stuttgart: Fraunhofer Institut.

Stähler, D. (2009). *Enterprise Architecture, BPM und SOA für Business-Analysten - Leitfaden für die Praxis*. Münche: Carl Hanser Verlag.

statista GmbH. (12. 11 2022). *Anteil der Tablet-Nutzer in Deutschland in den Jahren 2012 bis 2020*. Von https://de.statista.com/statistik/daten/studie/319281/umfrage/anteil-der-tablet-nutzer-in-deutschland/ abgerufen

Zachman, J. (1987). A framework for information systems architecture. *IBM Systems Journal, 26 (3)*, S. 276-292.

Ziegler, S., & Müller, A. (2009). *Service-orientierte Architekturen - Leitfaden und Nachschlagewerk.* Berlin: BITKOM, Bundesverband Informationswirtschaft, Telekommunikation und neue Medien e. V.

Zies, I., & Schmid, U. (2016). *Mehr Tempo, weniger Altlasten: IT-Architektur im digitalen Zeitalter.* München: Bain & Company Germany, Inc.